FILIBUSTEROS FAUVISTAS

UNA INTRODUCCIÓN AL ENTRENAMIENTO CIENTÍFICO.

FILIBUSTEROS FAUVISTAS

UNA INTRODUCCIÓN AL ENTRENAMIENTO CIENTÍFICO.

RICARDO QUIT

Número de Control de la Biblioteca del Congreso de EE. UU.:   2013918146
ISBN: Tapa Blanda   978-1-4633-6793-0
                   Libro Electrónico   978-1-4633-6792-3

Información de la imprenta disponible en la última página.

Fecha de revisión: 18/05/2015

Para realizar pedidos de este libro, contacte con:
Palibrio
1663 Liberty Drive
Suite 200
Bloomington, IN 47403
Gratis desde EE. UU. al 877.407.5847
Gratis desde México al 01.800.288.2243
Gratis desde España al 900.866.949
Desde otro país al +1.812.671.9757
Fax: 01.812.355.1576
ventas@palibrio.com
356561

Para Felina Rushyana.

Índice

Presentación

Filibusteros Fauvistas una introducción filosófica al modelo de Entrenamiento Científico basado en la pedagogía cibernética, es una invitación al estudio de los procesos cognitivos, sus algoritmos y heurística; la investigación de los flujos de información en un sistema de enseñanza-aprendizaje. Un ensayo que deconstruye un modelo para la educación de la ciencia, la surpervivencia de la cultura y el desarrollo del pensamiento para la mejora de nuestra vida cotidiana, que va desde lo esjatológico, la Asunción de las ideas y la consiliencia hasta el moldeamiento de la personalidad fronética.

Triskeles y tricornios que llaman a los jinetes a la carga por una revolución en el tiempo; una historia rosa, café y naranja cuya industria y artillería anuncia la mecánica de los astros; el destino que aprovecha la disciplina y sensibilidad derivadas de los sentidos; La hipóstasis de un modelo teórico, práctico y lúdico que reclama la defensa de la seguridad nacional en una batalla a 2 de 3 caídas ante los procesos de inflación y devaluación de las vocaciones científicas. El entrenamiento científico, crítico, constructivo y de cuidado.

Al respecto el Dr. José Vitelio García comenta: El autor de este escrito, es un joven de espíritu inquieto, investigador entusiasta en los proyectos de divulgación de la ciencia. A Ricardo Quit, le conocí en el desarrollo de las actividades de la Semana Nacional de Ciencia y Tecnología en cuya 9ª. versión, en el Estado de Veracruz coordinados por el CONACYT, intervinieron entre otras instituciones SEC, UV, SEP y MUSEO DE CIENCIA Y TECNOLOGIA.

Ahora, este opúsculo abigarrado en conceptos de paradigmas científicos, ha sido una grata sorpresa para mí, porque me ha permitido reordenar algunas de mis ideas al respecto, en algunos casos, y en otros avizorar facetas que yo no imaginaba para determinados aspectos del método científico. Algunos constructos de este variado conceptuario podrían motivarnos a reflexionar sobre sus antecedentes y consecuentes. Cito algunos.

- "La era de la información nos ha dado lugar a una era de la sociedad de la economía basada en conocimiento, elemento que determina la calidad de vida y desarrollo cultural."
- "La ciencia es una forma de pensamiento no una profesión, la investigación científica es una profesión que requiere más que conocimientos técnicos para ser eficiente."
- "un practicante del entrenamiento científico se esforzará por construir una personalidad científica...no nos conformaremos con aparentar el ejercicio de una profesión sino con demostrar el ejercicio mientras se practica
- "La educación es tan vieja como la humanidad en sí, nace al inventar el espacio público, y transformar nuestra

población humana en una comunidad, al establecer roles de autoridad, con energía, sabiduría y conocimiento que moldearon la cultura."

- "mucha educación considerada como la cohesión de los valores, conocimientos y entendimientos, a pesar de ser una mayor cultura no representa necesariamente una mejor cultura a excepción de cuando dicha cohesión es utilizada en beneficio de su sociedad"

- "la revocabilidad del conocimiento científico y la continua formación del mismo generan el pensamiento científico."

- "A la conducta moldeada por medio de la inteligencia demostrada en los actos de comprensión le llamamos fronética; el conocimiento fronético no sólo nos permite describir el medio como un todo unido sino que además nos permite actuar con prudencia para el bien del todo."

- "La pasión asociada a una discusión es inversamente proporcional a la cantidad de información real disponible"

- "Un modelo de evaluación basado en la reflexión para la entrega de respuestas correctas en lugar de un modelo de validación de respuestas es más adecuado para el desarrollo del pensamiento científico fronético."
- "El modelo de entrenamiento científico es la sucesión natural que devino de utilizar distintos métodos de educación no formal y nuevas tecnologías involucradas al proceso de enseñanza-aprendizaje-comprensión."

Sólo diez conceptos de muestra, espero despierten el interés de un ávido lector que pueda y permita a su razonamiento conjugar no sólo la inducción, la deducción, y la analogía sino incluso la abducción como recursos del método científico para jalonar hacia adelante, su acervo científico en la filosofía, la sociología, y la pedagogía actuales.

Ha sido mi propósito y deseo. Mi agradecimiento anticipado a los posibles lectores.

Triskeles y tricornios

Desde que salimos de la caverna, cada cultura ha establecido criterios para identificar a los responsables del proceso educativo, que va desde el inherente lazo consanguíneo hasta a la autoridad política de las naciones, delimitadas o no por su geografía. Canas báculos, togas, pelucas, sombreros, franjas, medallas, condecoraciones, contratos e incluso varas de mimbre o parches en los codos.

El modelo de Ec3c plantea la construcción del discurso que proporcione el marco teórico para la adquisición de aptitudes que acompañadas de ejercicios prácticos en un ambiente de juego, fomenten el pensamiento crítico, las habilidades constructivas y el fomento de los valores establecidos por su comunidad. Evaluados por la adquisición de competencias, capacidades y desempeño del científico.

Propone incorporar distintas técnicas educativas que permitan la participación activa de quien pretende desarrollar la ciencia como actitud; apoyado por un programa de entrenamiento y un asesor. Salvo las habilidades mecánicas que requiere la técnica del proceso científico, no pretende insertar o incluir simplemente el conocimiento en el entrenado o depender de la memorización de problemas preestablecidos; tampoco ser un sustituto de las políticas pedagógicas vigentes o prácticas en curso. Su naturaleza sugiere plantear el entorno y desarrollar los objetivos centrándose en el proceso de aprendizaje desde el diseño práctico de la enseñanza que varía según el contenido.

Si el practicante tuviera que poner algo directamente en la cabeza, dicho objeto sería la metáfora de un sombrero de 3 picos adornado por un triskel, así cada punta representaría la teoría, la práctica y el esparcimiento respectivamente, cada acción determinaría la punta al frente y tal vez una mano en el corazón siempre que no interrumpa la acción.

El triskel es un símbolo celta de más de 5200 años, el diseño representa entre otras triadas la evolución, la sabiduría como aprendizaje y la inspiración poética; una simetría tripe rotacional que se basamenta en dos y equilibra en la tercera; cada una de las espirales sinistrógiras me recuerda la hipóstasis del método y las propiedades del hemisferio cerebral izquierdo responsable del habla, escritura, numeración, el pensamiento matemático, la lógica, el control del tiempo el consiente y el análisis.

Jinetes a la carga...

En el juego del calentamiento, la actividad previa al desempeño para el cual hemos entrenado debemos discriminar algunas de las preguntas esenciales; el *Cuándo, el Dónde y el Quién* no son primordiales para el objetivo de la ciencia y son poco atendidas por el rigor científico; debido al principio de universalidad del conocimiento científico, que establece, que debe ser evidente, repetible y comprobable, por lo tanto predecible; pero que son indispensables para el desarrollo de las vocaciones científicas y la formación de recursos humanos.

En perspectiva, considere lo que hacemos cuando queremos mejorar algún elemento, tangible o intangible, de nuestra personalidad; cuantas veces no se ha encontrado en una silla frente al espejo solicitando al estilista su opinión y la ejecución del corte de cabello o peinado que más se ajuste a sus expectativas, de igual modo notará que lo ha hecho *Desde la butaca* en varias ocasiones, ya sea el diván de un psicólogo, en el consultorio con su médico de cabecera o en el banco de ejercicios de algún gimnasio.

Los entrenadores son personal que se especializa en la práctica, para la asimilación de nuevas conductas o la especialización de las mismas que ayuden a la mejora de nuestra personalidad por medio de la asimilación natural del conocimiento. Es cierto, podríamos decir que estos entrenadores, son las personas quienes nos ayudan en nuestros actos de esnobismo; el esnobismo es el adoptar conductas que nos hacen sentir mejores, al adoptar maneras y opiniones imitando a quienes consideramos distinguidos. Esta afectación va desde usar ropa de una moda específica hasta aprender nuevos idiomas y lenguajes.

De tal manera que un practicante del entrenamiento científico se esforzará por construir una personalidad científica. Es decir no nos conformaremos con aparentar el ejercicio de una profesión sino con demostrar el ejercicio mientras se práctica. Así como buscamos que nuestro instructor de pesas sea alguien fortachón, que nuestro dentista luzca una dentadura perfecta, buscaremos verdaderos practicantes y aficionados del pensamiento científico para nuestro entrenamiento.

Durante la hipóstasis de este entrenamiento encontraremos las distintas piernas de nuestro triskel o tricornio, estableciendo las técnicas del modelo. El sujeto, objeto y acción que determinan la relación morfológica entre las preguntas primordiales generan la siguiente matriz:

Cuándo	Dónde	Quién
Qué	Cómo	Por qué
Discurso	Práctica	Esparcimiento
Pensar	Conocer	Adiestrar
Episteme	Tekne	Frónesis
Diseño	Implementación	Evaluación

Un entrenador científico determina entonces el dónde y el cuándo, llámense rutinas, practicas, experimentos y demostraciones; diseña la dieta informativa y monitorea el desempeño.

Por ejemplo: sugiere una visita al museo, comparte una demostración, plantea los experimentos y les invita a participar en ferias de ciencias y demostraciones.

Este modelo de entrenamiento científico se determina como modelo académico más que un modelo escolar; por medio del desarrollo del discurso teórico, práctico y lúdico, que establece su objetivo principal en la formación de recursos humanos desde el desarrollo del pensamiento por medio de la comprensión de la naturaleza para el mejoramiento, frónesis sobre sofos; orientado al desarrollo de valores para fortalecer el proceso educativo; y el desarrollo de competencias para formación de la personalidad creativa en la sociedad basada en la economía del conocimiento; es por eso que le llamamos crítico, constructivo y de cuidado.

Rosa

Las primeras palabras que uno enuncia determinan la atención que el discurso tendrá, y usualmente son las primeras en ser recordadas, dicho esto avanzaré un poco en la idea que propone este método para fomentar el pensamiento fronético y regresar poco a poco a los elementos que la componen.

Imaginemos que existe una idea principal, idea que si prefieren podría tener su origen en la imaginación, creada desde la percepción de quien la genera y se expresa como una opinión; y que al ser tan atractiva genera más seguidores y promotores que cuestionamientos. Esta idea podría escribirse en una sola línea puesto que su belleza también reside en su simpleza. A este párrafo le llamaremos: "2".

La idea generada en "2" podría ser una sola palabra, si es conveniente, y en este punto podríamos identificarla como cualquier verbo, adjetivo e incluso eufemismo. Dios, Calidad, Excelencia, Bueno y Competitividad por dar unos ejemplos; o también podríamos extraer algunas de "2" y distinguir lo impresionantes que pueden ser: Principal, Preferir, Tener, Origen, Imaginar, Percibir, Generar, Expresar, Opinión, Seguidores, Atractiva, Promotores, Cuestionamiento, Belleza y Simpleza. También podríamos escribir la idea como una sola oración, por ejemplo: "Contemplemos la hermosura de la rosa".

Ahora planteemos el uso de esa idea generada en "2", estoy asumiendo que usted se encuentra frente a un grupo de personas con quienes quiere compartir esta idea. El diccionario nos dice que compartir es repartir, dividir, distribuir o participar en algo, y la ventaja que tiene el compartir las ideas es que podemos entregar una copia idéntica a cada uno de los receptores sin que se altere su contenido, como cuando copiamos un archivo en la computadora, la desventaja es que también puede suceder completamente lo contrario, recuerde aquel juego del "teléfono descompuesto" que tiene la gracia que el mensaje debe ser murmurado o entrecortado.

¿Cuál es el fin de compartir de esa idea? Y ¿para qué sirve la idea? Si *me interesa* distraer al grupo de sus preocupaciones, si *quiero* alegrarles el día, si esta idea les va a *dar* dinero, si les *dará* salud, si les *ayudará* a conseguir trabajo, si *mejorará* su entorno, si mejorará su autoestima y mejor aún si hará varias de estas al mismo tiempo. La efectividad de la idea y como trasmita el mensaje no reside tanto en su validez, como en el rol de autoridad que usted tiene sobre el grupo. Identifique además que el objetivo puede ser un deseo personal positivo o negativo, *interesa/quiero*, *entregarles/quitarles* algo o *mejorar/empeorar* un elemento.

Para convertir una idea en conocimiento, puesto que vivimos en un mundo con más ideas que conocimientos basta con extraer la subjetividad del producto de "2", al redactarla debería de aparecer en el modo indicativo, conservando el ejemplo ahora diría: "La rosa es hermosa" y advirtamos que el conocimiento no ha sido validado, pero que en el ejercicio de nuestras facultades intelectuales hemos establecido por medio de nuestra percepción y experiencia una cualidad o relación entre las cosas que nos permite advertirlas, distinguirlas e incluso entenderlas, en una sola palabra "conocemos".

Sin embargo el conocer no es el límite del pensamiento, entre las siguientes fronteras por alcanzar se encuentran, el aprender, el comprender y el crear y transformar.

Para este punto advertimos que no todo el conocimiento tiene que ser validado, en especial si el motivo de nuestra idea no está relacionado con el entendimiento de la naturaleza (el medio) sino con el autoentendimiento, como en el caso de la poesía, la música, la ficción, la versión de los vencidos o vencedores y otras. Por ejemplo nadie más allá de la lectura podría verificar o validar "la hermosura de la rosa" de "El Principito" pero tampoco es necesario para disfrutar de su lectura. Lo que orilla a asumir que solo el conocimiento que resulte de referencia a otros conocimientos debe ser validado de manera que podríamos saber que nuestro conocimiento es verdadero incluso aunque no sea real. Continuando con nuestro ejemplo de "2", el conocimiento de que "la rosa del principito es hermosa" puede ser validado al leer el cuento, pero es irreal; el conocimiento de que "cualquier+rosa es hermosa" puede ser validado por medio de un experimento que establezca la razón de "hermosura" sobre "cualquier+rosa".

El termino *razón* en matemáticas, por lo regular el lenguaje de la ciencia, establece el procedimiento de *comparar, dividir* o establecer una relación entre 2 elementos; de manera que la razón entre 3 y 2 suele expresarse como 3/2 o 1.5 lo que sería una gran razón.

Ahora retomemos el ejemplo de "2" suponga que la hermosura le hemos asignado un valor de 10 en una escala numérica sobre la percepción estética asociada a algunos de nuestros sentidos sea vista, olfato y tacto; y que cualquier rosa recibe el valor de 1, una rosa; la razón sería entonces de 10/1, que es igual a 10 y validaríamos nuestro conocimiento para esa rosa, lo que sabemos que puede ser correcto; en ese punto la razón disminuiría a medida que crece el número de rosas en el experimento y aumentaríamos las variables al advertir las características que presentan las rosas. 10/100 nos indicaría que tenemos un décimo de razón en nuestro argumento.

Sucesivamente acumularíamos datos que al organizar, clasificar e incluso censurar (por ejemplo al descubrir que existen muchos tipos de rosas) para obtener nuevos conocimientos que someteríamos a nuevos razonamientos, que de manera sistemática generan los mismos resultados que describen nuestra naturaleza. Creando así la ciencia, que en nuestro ejemplo es llamada botánica y concluye que la "rosa es una flor+hermosa".

En este punto apenas hemos advertido 2 elementos principales: La teoría y la práctica, al establecer la construcción del discurso, y el taller a manera de experimentación. Supongo que se ha tomado el tiempo de estudiar varias rosas y flores en los últimos párrafos, y ha construido procedimientos para determinar la forma en que sus sentidos se encuentran estimulados por cada rosa en particular y probablemente sus ideas se han convertido en conocimientos verificados y validados como parte de la realidad.

La promesa es que a este procedimiento teórico-práctico se suma un elemento lúdico que permite la personalización (de la experiencia) del aprendizaje que incida en una mejor educación, puesto que no siempre la personalización resulta de esa manera, aunque si en una mayor adquisición de conocimientos. Lo que nos lleva a la tarea de que *nuestros entrenandos deben poder construir las razones de los conocimientos adquiridos más que la construcción del conocimiento en si*. Puesto que las nuevas tecnologías y la capacidad de acceso a la información ya brindan las ideas y conocimientos puros, usualmente sin validar, verificar o razonar. Los lugares comunes generan ideas de "2" y por definición (actualmente) la mayoría de la población las tiene, puesto que son comunes.

Veamos ahora, dibuje una figura cualquiera en un plano, luego proyéctela sobre uno de los lados del mismo y obtendrá una línea recta, vuelva a proyectarla sobre otro de los lados y obtendrá un punto. Cada vez que el observador cambia de posición, cambia su percepción del objeto observado incluso al grado de desconocerlo del original.

¿Cuántos estímulos recibió al leer el titulo de esta sección? ¿Imagino la flor? ¿Percibió el aroma? ¿identificó el color? ¿Recordó un pinchazo con una espina? Este tipo de estímulos son los que buscaríamos que explorara nuestro grupo al interpretar la frase con que hemos ejemplificado el proceso de "2".

En la construcción de nuestro discurso-taller concluimos que "la rosa es una flor+hermosa" para poder agregar el elemento lúdico sería necesario poderlo enunciar de otras formas sin perder su esencia y que de igual manera sean comprensibles o inteligibles las unidades didácticas que hemos determinado para cada elemento del mensaje. Por ejemplo, un intento de palíndroma (ver nuestra frase en el espejo) evidencia la dificultad pero advierte la cacofonía y rima; transformar nuestro enunciado en una canción como Rosa de Sandro de América involucraría otros términos que probablemente no se desean abordar o que distraerían del mensaje principal. La generación de un caligrama, incluso repetitivo, podría complementar la actividad, pero que inicia en la contemplación y probablemente buscamos iniciar la actividad con mayor energía.

Retomemos por un momento los ejercicios de geometría anteriores, y sumemos el *pensamiento fuera de la caja*, *el pensamiento lateral* o subamos al escritorio para ver el mundo desde otro punto de vista como Mr. Keating. Ahora sabiendo que una de las propiedades de la simetría es que puede aceptar transformaciones sin afectar las variables, no tanto como sus valores, podríamos aventurarnos a establecer una relación metafórica por ejemplo: "en un campo dónde las flores son autos rosas, los autos son hermosos" que para este ejemplo sería difícil de plantear con infantes y carecería de gracia y presentación con jóvenes.

Intentemos de nuevo una transformación más en la forma que en el fondo y a fin de no llamar a la rosa con otro nombre o hablar en el nombre de la rosa comparta las siguientes indicaciones: *"entrecierre los ojos, tire ligeramente de los lados hacia sus orejas o finja ambliopia o miopía y repita con su grupo: la losa es una flol muy elmosa"*, también puede intentar hacer la pregunta "¿qué es una losa? Y tras varias respuestas distintas responda.

Este planteamiento puede utilizarse para hablar de las partes de las flores y probablemente ahí nos funcionaría mejor el caligrama. Al pedir que cada participante del grupo dibuje el suyo no olvide remarcar la idea que no tiene qué ser idéntico al que está mostrando, de manera que se fomente la diversidad en un ambiente de libertad, los miembros del grupo tienen la libertad de expresar sus percepciones de las formas que tienen las rosas, bajo las mismas condiciones del dibujo, no olvide llevar algunas rosas al grupo, permita a los participantes explorarlas más alla de una fotografía o dibujo, tal vez durante el final pueda intentar construir una canción o dejar que alguno escriba un poema con los elementos brindados.

Es cierto, durante las últimas páginas mientras explicaba el proceso de diseño en las 3 dimensiones de este método, apenas alcanzamos a diseñar el título y la introducción de una sesión de entrenamiento; en las siguientes secciones mientras contextualizamos su competencia en la academia, la educación y la escuela estableceremos las estrategias para el diseño del discurso como marco teórico y del taller como práctica.

Tempus

¿Cuándo inventamos la educación? O ¿ya estaba ahí y solo nos dimos cuenta? La educación es tan vieja como la humanidad en sí, nace al inventar el espacio público, y transformar nuestra población humana en una comunidad, al establecer roles de autoridad, con energía, sabiduría y conocimiento que moldearon la cultura.

Digo moldearon puesto que solo indicaron el modelo a seguir, ninguna cultura ha sobrevivido al paso del tiempo aún cuando algunas tradiciones se hallan conservado;

así chocamos los vasos al beber, cedemos el turno a los mayores, heredamos las recetas, olfateamos la comida antes de probarla, utilizamos los emblemas de nuestra comunidad y procuramos retener a las crías, miembros de la familia, mientras desarrollan su juicio.

De manera que establecimos que aquellos con mayores experiencias, quienes habían experimentado un mayor número de sucesos y contaran con la habilidad de compartirlos, se dedicaran a instruir, adoctrinar y enseñar el camino durante la crianza; proceso al que le llamamos educar y en consecuencia, la educación se manifestaría como la trascendencia de la cultura por medio de la experiencia y el conocimiento para la supervivencia de la comunidad.

Sumando dicha instrucción al aprendizaje y las nuevas experiencias y conocimientos surge la especialización de los miembros de la comunidad, que los transformó en individuos con habilidades y destrezas especializadas; que ya no solo tenían conocimientos, sino que en el mejor entendimiento podían establecer juicios. Los juicios, comparaciones del conocimiento y el entendimiento, les permitieron crear propuestas, coyunturas revolucionarias muchas veces consideradas contracultura, que unidas a otras de intereses afines establecían sociedades. Así el conocimiento y el entendimiento se transformaban en saberes, sabiduría o memoria a largo plazo, al servicio de los socios.

Entonces los integrantes de estas *sociedades* por medio de la persistencia y transmisión generacional de conocimientos en el proceso educativo (enseñanza-aprendizaje) desarrollaron personalidades especializadas, dividiendo el conocimiento en ramas, así el entendimiento y la comprensión ya no se limita a la naturaleza e incluye también a los elementos creados por la misma sociedad.

El reconocimiento mutuo de los socios y el establecimiento de deberes y derechos estableció el entendimiento común de las libertades, las obligaciones y las responsabilidades, redefiniendo la educación como el instrumento de protección de la cultura. De manera que la aceptación de la persona con mayor proximidad que coincide en educación es aceptada como un prójimo y la sucesión de los prójimos establece la nación, dejando a la educación como un tema de seguridad nacional.

Revolución

¿Cuáles son tus buenas intenciones? ¿son un producto de "2" o ya las has razonado? ¿Qué riesgos estás dispuesto a correr? Y ¿Cuáles son tus objetivos? Cuando el conocimiento y el entendimiento han tomado un papel importante en la toma de decisiones, cuando estas decisiones han sido contundentes con el paso del tiempo e incluso influido en su cultura podemos decir que el conocimiento se ha convertido en sabiduría.

Como he dicho estos saberes suelen contraponerse entre las generaciones de la misma cultura, los mayores señalan a los jóvenes como miembros de una contracultura pues atentan los valores y conocimientos establecidos incluso en revoluciones provocadas por los primeros.

Veamos, mucha educación considerada como la cohesión de los valores, conocimientos y entendimientos, a pesar de ser una mayor cultura no representa necesariamente una mejor cultura a excepción de cuando dicha cohesión es utilizada en beneficio de su sociedad; tomemos por ejemplo histórico una sociedad con un avance claro en la tecnología capaces de construir edificios públicos y habitacionales, puentes, drenajes y acueductos, transporte marítimo y terrestre e incluso espacios para el esparcimiento, la educación y el desarrollo de las artes y humanidades; Con sistemas de comercio establecidos e incluso leyes y reglamentos para la convivencia sometidos a una autoridad; y que además utilizan cerca de la mitad de su tiempo a la adoración de dioses que representan prácticamente a cualquier elemento de la naturaleza o sentimiento humano. En el indudable hecho de alta cultura que poseen esta puede ser derribada por la insatisfacción social por una desesperanza de desarrollo o bienestar, llámense enfermedades, impuestos o desigualdad.

Contando Calorías Cerebrales (ccc)

La caloría se ha definido como la cantidad de energía necesaria para elevar un grado centígrado de temperatura a un gramo de agua con volumen de un centímetro cúbico a una presión de una atmosfera, y en últimas fechas con la definición de los julios esta ha sido relegada al conteo de la energía que contienen los alimentos y la medida en que se consumen.

Cuando hablamos de Entrenamiento Científico, el concepto involucra el desempeño óptimo al obtener el máximo potencial como resultado de invertir las competencias adquiridas. Las dos vertientes de esta idea se refieren una al diseño de una dieta alimenticia para el desempeño fisiológico cognitivo y segundo la dieta conceptual para el desarrollo de habilidades del pensamiento. Para el diseño de la primera sería necesario partir del hecho: que se cuenta con una dieta alimenticia balanceada y supervisada por un especialista. Después considerar que *el caballero de traje gris* requiere del 20% de la energía de nuestro cuerpo, lo que implica que al menos deberíamos de tener una reserva energética para él, las nuevas técnicas de neuroimagen han demostrado que se consume más energía cuando no se está haciendo una tarea que someta al pensamiento consiente, es decir que si quiere evitar quemar algunas calorías en el cerebro lo mejor es que no esté pensando en nada ya que cuando no lo presiona invierte hasta 20 veces más energía en establecer conexiones entre todos los datos que posee; a este fenómeno se le ha llamado la *configuración de fábrica* del cerebro o *default mode*.

A fin de no distraer del objetivo, el pensamiento científico, de este tipo de entrenamiento le sugiero que consulte con su nutriólogo sobre el ejercicio aeróbico, la restricción calórica, los omegas múltiplos de 3 menores a 10 y los antioxidantes; pero no evitaré recomendarle que consuma chocolate que además de estimular la sensación de placer refuerza el sistema inmune y con suerte algunos flavonoides sobrevivientes del proceso de fabricación del chocolate mejoren su memoria espacial y vasculatura. Y aclaro que no existe un procedimiento que haga a la gente más inteligente ni que piense mejor, pero si existe la manera de enseñarle a utilizar su inteligencia y pensamiento y mantenerle en buen funcionamiento.

En el segundo caso: ¿Recuerda la última vez que utilizo un buscador de páginas de internet? Seguramente desde la primera palabra que escribió le fue sugerida la segunda asociada al concepto que buscaba y en varios casos varias palabras más que le ayudaron a obtener los datos que requería más rápido, probablemente le sorprendió imaginar cómo los términos escritos viajaban por el internet hasta el servidor principal que ejecutó su consulta y después de compararla con el historial que ha realizado le brindó en unos pocos segundos los 10 mejores lugares asociados a su búsqueda. Y entonces me detengo, me sale lo divulgador y le digo que no es cierto, así no sucedió, en la actualidad los principales buscadores de internet aplican un concepto matemático enunciado como teorema de Perron-Frobenius a principios del siglo XX, que bajo un concepto determinista establece, en otras palabras, que a una cantidad limitada de datos corresponde una cantidad limitada de combinaciones; entonces cuando usted realizo su búsqueda únicamente le permitió al servidor principal darle las respuestas que anteriormente había resuelto, de lo contrario la computadora habría tardado horas en responderle y es también la razón por la que a veces no tiene resultados al buscar palabras específicas. Según la teoría de la *configuración de fábrica* de igual manera funciona el cerebro, mientras creemos que no lo estamos utilizando se dedica a reducir las matrices de datos a respuestas simples a ser utilizadas por el consciente cuando las solicita.

Por ejemplo cuando platicamos el cerebro no se preocupa por la sintaxis, cuando caminamos no se preocupa por la pierna que va primero; siempre y cuando en algún momento esta información ya haya sido procesada, de manera que en nuestra primera infancia llegan todos los datos que componen la matriz inicial a calcular. Para ser coherentes no le pediré que conserve esta idea durante esta lectura, a decir verdad le pediré que lea por "reflejo" permitiendo que las conexiones por default asocien los elementos restantes, para que después podamos integrarlos disimuladamente a un discurso mayor; como cuando decimos voy a consultarlo con la almohada, para la toma de decisiones; o practicamos *lluvia de ideas* al tratar de resolver un problema de manera creativa.

En el diseño de la dieta conceptual para el entrenamiento científico se plantean 2 hilos que hemos de enhebrar pero con orden y concierto. Veamos la primera "hebra" como su nombre lo dice es el hilo del discurso y la segunda es la materia prima de dicho hilo que en este caso será lo científico.

Industria y artillería

Ya he dicho que esta es una guerra, guerra que luchamos en contra de la ignorancia, las seudociencias y el misticismo donde las pérdidas pueden ser nuestra cultura y nuestro tiempo para el esparcimiento.

No es una metáfora para validar los actos violentos o destructivos es una declaración clara, y sin lugar a dudas, sobre nuestra decisión de combatir más en un sentido moral, puesto que recae lejos de los sentidos y cerca de la apreciación del entendimiento y la conciencia. Definimos nuestras armas como la investigación; los procesos educativos; los programas de divulgación, difusión y propaganda; la construcción de organizaciones para la vigilancia y la seguridad; nuestro ejército es la sociedad informada y el campo de batalla los espacios públicos físicos y virtuales. Tal vez por eso muchos la consideren una guerra fría e inexistente en la que oficialmente no sucede nada y no tenga que cambiar su situación.

Regresando a la metáfora de este modelo de entrenamiento y los antecedentes históricos del sombrero de tres picos o tricornio que aún sobrevive en los uniformes de gala de algunos grupos militares en el mundo, podemos recordar su uso tanto por conquistadores bélicos del mundo e incluso por filibusteros que ejercían su libertad y buscaban la emancipación de otros pueblos, algunos de ellos izaron banderas que incluían el escudo de armas del padre de la gravitación universal.

Vestidos entonces para las batallas que debamos ganar hasta concluir nuestra guerra, dotemos nuestra artillería, encontremos las técnicas para construir, conservar y utilizar las armas, máquinas y municiones para desarrollar nuestro trabajo, para crear la industria que obtenga, transforme y transporte nuestras materias primas; la naturaleza y el pensamiento en un único objeto, resultado de la compresión de ambas.

Al establecer procedimientos, reglas, normas y protocolos para obtener resultados determinados o predeterminados asociados a habilidades manuales o intelectuales estableceremos la técnica con que se transforma, generando la industria; en nuestro caso la industria educativa. *Técnica* es la palabra en español cuya traducción semántica en griego es *tekne* y en latín es *arte*. Palabras que aún teniendo *el mismo significado* fueron divorciadas por la generalización de la cultura que las generó, griegos versus latinos; designando cada una a la estética y otra a la transformación del medio, como conceptos separados. Es común formular ideas de "2" en quienes confunden algunas expresiones estéticas, comunicativas o expresivas, como ciencia, puesto que la ciencia tiene su técnica sinónimo de arte.

La ciencia como el conjunto de conocimientos, ordenados clasificados y censurados obtenidos mediante la observación y el razonamiento, que permiten la comprensión del entorno al describir principios y leyes generales; debe su producción a la técnica con la que fue procesada, su industria, y se manifiesta de manera intangible en las personas de una sociedad como su intelecto, la potencia cognitiva racional humana, que le permite el estado de bienestar y prosperidad. El uso del intelecto y la conducta coherente representa *lo científico*.

La derivada de los sentidos

Llamemos X a la suma de estímulos recibidos por un individuo no anestesiado, X provocará una reacción sináptica que de cuenta de su naturaleza; los estímulos exteriores apenas alcanzan el 10% del total de sinapsis registradas en el individuo, el resto la genera una consulta a la *configuración de fábrica*. Cuando la anestesia es la privación de la sensibilidad, la sinestesia es la sucesión de sensibilidades provocadas por un primer estímulo, los estímulos secundarios son generados dentro del individuo que los percibe. Así cuando usted lee la palabra Rosa, naranja o café por ejemplo, provocará consultas en distintas categorías sensoriales que su cerebro ya ha clasificado, intente leerlas en voz alta, el hecho de que ahora las escuche provocará distintas respuestas. Estas respuestas si no son evaluadas en función de la razón solo serán un producto de "2". Entonces dado un estímulo X se genera "2", éste al ser procesado por el intelecto genera un conocimiento, el conocimiento al ser razonado genera el saber, la sabiduría universal es llamada ciencia, la comprensión coherente de la ciencia hace al científico.

Advirtió como cambia la percepción cuando sólo lee la palabra "naranja" que cuando la lee y la pronuncia, alguna vez ha estado seguro de un sentimiento pero no ha podido expresarlo; como aquella vez que tenía la palabra en la punta de la lengua pero no la podía pronunciar. Algunas veces cuando salimos a comprar los alimentos tenemos que "sopesar" con una y otra mano, olerlas e incluso golpear las frutas y verduras para asegurarnos de su frescura o calidad; otras veces reconocemos a alguien en el camino pero no recordamos su nombre.

Todo esto sucede debido a que la información que requerimos consultar, se encuentra en distintos hemisferios de nuestro cerebro; generalizando, decimos que el hemisferio izquierdo, rico en dopamina, es analítico, responsable de diferenciar el habla, la escritura, la numeración y la lógica actúa principalmente en el consiente; y que asimétricamente el hemisferio derecho rico en noradrenalina es integrador, responsable de la orientación espacial, la identificación visual, la comparación numérica, la prosodia y el contexto, actuando principalmente en el inconsciente; afortunadamente contamos con el *cuerpo calloso* que permite la sana interacción de ambos.

De esta manera queda claro que si la ciencia tiene su origen en los sentidos, y por eso se le da tanta importancia a la observación; el resto del proceso cognitivo es completado por información residente. Por otra parte el acervo científico tiende a caducar, es decir, si la ciencia es una representación razonada de la realidad que intenta representarla fielmente está sujeta a la existencia de esa misma realidad, lo que evidencia un proceso de extinción o evolución a saberes más aproximados. La asunción de estos echos, la revocabilidad del *conocimiento científico* y la continua formación del mismo generan el *pensamiento científico*.

Para que lo científico pueda ser parte de la cultura debe garantizarse su inserción en el proceso educativo, la transmisión de estos saberes dependen entonces del proceso comunicativo, el planteamiento general vendrá desde el hemisferio derecho y será trasmitido desde el izquierdo. Es por eso que la matemática, del griego mathema: *estudio-aprendizaje-conocimiento*, ha sido aceptada como el lenguaje de la ciencia que en su proceso de búsqueda de patrones, formulación de conjeturas, la deducción rigurosa y el establecimiento de definiciones por medio de un lenguaje único no restringido al idioma no solo describe el conocimiento tangible e intangible, sino que también se permite predecirla creando con ello conocimientos sujetos de validación a los que se ha llamado teoría, palabra homófona del conocimiento acumulado. Es decir, al adoptar a las matemáticas como lenguaje de la ciencia, el marco teórico es tanto el conocimiento especulativo como el entendido.

La mecánica y los astros

Los modelos escolares han establecido técnicas basadas en la memoria, procedimientos que encuentran antagonismo en su naturaleza, la de ser repetitivos y monótonos; lo que provoca que muchos modelos académicos y técnicas educativas escolares propongan la eliminación de este proceso mecanizado.

Regresemos al producto de "2" generado de "naranja", en su forma resumida podríamos indicar como afecta a alguno o todos los sentidos: el color, el sabor, el olor e incluso su textura; al utilizar los sentidos le asignamos propiedades e incluso valores que la diferencian de los demás, la descripción, la configuración única de sus propiedades nos permiten tener un conocimiento claro y razonado; al utilizar el intelecto podemos decir que entendemos, porque conocemos sus características de unidad y su relación con su medio.

Entender, definido como facultad de pensar, es la función primaria del intelecto; la aplicación práctica del entendimiento es darle a cada cosa su lugar y hacer que funcione para lo que fue diseñada, permite la resolución de problemas; distinguir a cada componente en el compuesto; identificar cual está fallando y posteriormente rectificarlo. A la conducta moldeada por medio del intelecto, demostrada en los actos de entendimiento, le llamamos inteligencia.

La inteligencia entonces aceptada como una conducta debe tener una técnica, de manera entonces que la inteligencia puede aplicarse tanto para el entendimiento de las ciencias y las artes, de lo real y lo irreal, conocimientos verdaderos o falsos; así una persona inteligente **puede** describir el lugar que tiene cada uno de los dioses de una determinada mitología; explicar las consecuencias que tendrán las decisiones tomadas por un personaje de ficción; describir cómo y para qué es utilizado cada uno de los cubiertos de una mesa o las herramientas de un taller e incluso predecir las consecuencias que tendrá una política económica en un país o la reacción química de los elementos. Las personas inteligentes suelen destacar de la mayoría, sus argumentos distan mucho del "2", el brillo especial con el que se desenvuelven les hace parecer estrellas, astros descendidos para iluminar nuestro camino, es por eso que también les llamamos aristócratas.

¿Cómo aprendió usted a caminar o a hablar? ¿Cuándo aprendió a marcar por teléfono? ¿Puede utilizar un teclado sin leer los rótulos de las teclas? ¿Recuerda al maestro Miyagi? El maestro, en la ficción, cuya técnica de entrenamiento se basa en la asociación de ejercicios físicos con la ejecución de técnicas de defensa personal. Todos los procesos de entrenamiento dependen de una etapa de disciplina dónde la repetición inserta en la memoria la técnica con la que se responde ante una situación en particular. Así como se le enseña al cuerpo a respirar ante un desempeño aeróbico o anaeróbico; repitiendo las tablas de multiplicar, tarareando las fórmulas de química y física o estableciendo una rutina de mantenimiento al equipo de laboratorio, le entregamos resultados preestablecidos ante operaciones simples *al caballero de traje gris,* permitiendo que la concentración se dedique al problema real al que se enfrenta, ya sea una competencia deportiva, el presupuesto del hogar o la eficiencia energética del refrigerador.

Frases como: *"La memoria es la inteligencia de los tontos"* y *"Es tan importante el saber Dónde como el saber Qué"* son sentencias breves y doctrinales llamadas aforismos que se proponen como reglas a la conducta humana al igual que las formulas, axiomas, conjeturas, definiciones, teorías y leyes se proponen al conocimiento científico.

Cuando distinguir el componente del compuesto es la función primaria del intelecto; encontrar como cada configuración única se relaciona al resto de las configuraciones es la función secundaria, la comprensión entonces es conocer cómo las distintas configuraciones encuentran los puntos en común, cómo se relacionan 2 objetos distintos con un mismo fin. La química por ejemplo ha logrado entender al sodio y al cloro como elementos distintos de la naturaleza y virtualmente alejados en la tabla periódica, también a comprendido que juntos al compartir un electrón se convierten en sal.

A la conducta moldeada por medio de la inteligencia demostrada en los actos de comprensión le llamamos fronética; el conocimiento fronético no solo nos permite describir el medio como un todo unido sino que además nos permite actuar con prudencia para el bien del todo.

En la disciplina del entrenamiento podría parecer más cautivadora la idea de ser un astro al demostrar la inteligencia por encima del conocimiento, una conducta fronética comprenderá que el sufijo astro tiene connotaciones despectivas como en comicastro, hijastro o musicastro, de manera que actuará en búsqueda del bien común.

Se dice que la sabiduría impone límites al conocimiento; la sabiduría o inteligencia fronética, puesto que depende tanto del entendimiento como de la comprensión, es traducida como moral, ética científica o prudencia y nos impide conocer el límite del dolor humano, las consecuencias de explosiones atómicas, el desarrollo de agentes patógenos y otros en lo que el bien común podría ser afectado.

La relación de entendimiento-comprensión de la naturaleza y la producción del intelecto, permite desarrollar discursos dónde en la búsqueda de la realidad se enuncien las esencias, se establecen los contextos y se fomentan las decisiones para el bien común. Cuando el intelecto llega a su máximo desempeño interno su única expresión está basada en los valores.

El destino

En este punto de la discusión, puesto que he alcanzado a distinguir algunos comentarios y susurros, donde me han facilitado el camino de compartir la evolución de algunos productos de "2" y hemos nombrado a los supuestos y personas que ejercen distintos procesos del intelecto; aprovecho este foro, espacio que presenta y sufijo que indica que lleva, para diferenciar algunos elementos en la hipóstasis del modelo del entrenamiento. En un plano escatológico/esjatológico en el que de manera general la ciencia, como sujeto del intelecto fronético, interviene en el destino de la humanidad y en el del universo al menos en el plano descriptivo. Entonces debemos saber que no existe maldad en los productos de "2", puesto que cualquier idea u opinión creada no engendrada en los cimientos del intelecto debe solo la décima parte a los sentidos y el resto a la configuración de fábrica, sin embargo la asunción de "2" como una verdad absoluta que disimula sabiduría, cuando no ha evolucionado en el *arte* del razonamiento, el entendimiento o la comprensión; puede resultar una amenaza al bien común, incluso cuando en apariencia solo afecte a la persona que lo asume puesto que su pertenencia a un grupo altera al mismo.

Ahora al tener la voluntad y disponer el conocimiento y la información en un estado unificado de entendimiento y comprensión de lo que altera nuestros sentidos, al cual enfrentamos embebidos, proporcionando y compartiendo los detalles de manera ordenada de lo que consideramos, en el ejercicio de la inclusión sideral, añadiendo humor con disfemismos o creando nuevas palabras que convergan en las evidencias de lo que por diversos métodos hemos adoptado como ciencia, sinécdoque de lo que somos y comprendemos, por medio de la frónesis y las metáforas que permiten permear en nuestras sociedades y sus productos; así descansamos nuestra conciencia en esta consiliencia, que por gusto llamamos consiliciencia.

Los supuestos y personas que hemos involucrado hasta el momento desembocan en inteligentes/sabios fronéticos que están opuestos en el proceso al supuesto de "2". Entonces el espacio que presenta a "2", o "2" sumado al sufijo que indica que lleva a "2" o hace del "2" debería ser llamado 2foro, cacofónico de doxóforo y doxo, denominación dada por el histórico de los omóplatos a los profesionistas de la opinión no sustentada más allá de la libertad de opinión y del ejercicio, en cierta medida, de su intelecto.

Hemos encontrado quienes somos, en quienes queremos convertirnos y que tenemos que evitar, es tiempo entonces de establecer la disciplina con la que nuestros sentidos alimenten a nuestro pensamiento. Establezcamos series planeadas de ejercicios que desarrollen habilidades específicas de nuestro pensamiento que den utilidad a nuestros conocimientos, habilidades y competencias; es decir **entrenemos**.

Así como el amor no es un sentimiento sino un estado de ánimo que involucra muchos sentimientos, el entrenamiento no es una acción sino la actitud que involucra distintas acciones; que como se determinan por la dieta: ingesta, procesamiento y consumo-desempeño. En el proceso de enseñanza-aprendizaje existen alternativas autodidacticas, el entrenamiento permite un proceso de auto entrenamiento que de igual manera reta a aumentar la confiabilidad de la fuente y la interpretación de los contenidos, además de requerir un mayor compromiso en la evaluación del desempeño; bajo el entendido que en los nuevos procesos educativos la importancia del producto final está en el proceso y no en el desempeño de una sola prueba final. Nos interesa más el rendimiento general que aplica los conocimientos involucrados de manera práctica que el desempeño temporal durante en la prueba.

Disciplina y sensibilidad

Antes de iniciar cualquier tipo de entrenamiento se determinan tres condiciones:

¿Qué necesitamos entrenar? ¿A quién vamos a entrenar? Y ¿Quién será el entrenador? Estas tres respuestas en el contexto del tipo de entrenamiento establecen la etapa de *diseño* seguida por la implementación y la evaluación. Ya que hemos iniciado preguntando, las respuestas establecerán un *análisis* que permitirá identificar las necesidades que traduciremos como objetivos del programa y serán evaluadas como competencias y conductas desarrolladas, en el mejor de los casos, cuando se trata de una etapa sucesiva de entrenamiento el guión del triskel teórico-práctico-lúdico es elaborado en su totalidad; luego las siguientes 2 etapas avanzarán de la mano.

Una vez más identifiquemos que la forma en que se responden las preguntas es más importante a la respuesta que obtenemos de ellas, saber preguntar; veamos, a la pregunta ¿qué necesitamos entrenar? Partiendo de la idea del Entrenamiento Científico, queda claro que independiente a la respuesta debemos de operar si el objetivo planteado es científico ya sea en su arte (técnica) o en el planteamiento de la información que se entregará, un ejemplo común es la solicitud para que niños de primaria presenten una feria de ciencias a fin de año, lo que se generaría en un programa de entrenamiento basado en la conducción de demostraciones científicas aderezado con experimentos y normas de seguridad en el laboratorio o extramuros; otro ejemplo sería la solicitud para que un grupo de jóvenes presente los avances y/o conclusiones de un protocolo de investigación al fin del ciclo escolar, con lo que se operaría de manera similar; una situación poco común, pero que se ha dado, involucra la necesidad del manejo de efemérides astronómicas para el diseño de horóscopos, recordemos que durante un segmento histórico de la humanidad la astrología fue considerada ciencia, entonces podríamos condicionar y no necesariamente restringir un programa para el manejo de efemérides astronómicas con énfasis en la observación sin abordar temas que puedan generar confrontación entre el entrenado y entrenador, fronéticamente habremos cubierto un tema científico controlando la discusión. Podrán identificar ahora como las 2 primeras preguntas son resueltas en una sola respuesta.

He obviado indicar el perfil del entrenador, puesto que este documento tiene el objetivo de compartir un modelo para el entrenamiento a ser adoptado por quien es declarado por antonomasia. Cuando le llamamos entrenador no es en el intento de rebautizar o suavizar con decoro al profesor, maestro, facilitador y mucho menos a algún/a miss; por el contrario la intención es identificar claramente a quien cuenta con el pensamiento científico, la experiencia en las áreas de la ciencia a entrenar y la disposición o currículum para aplicar un modelo educativo; el entrenador, ya hemos dicho, diseña tanto la dieta informativa, las rutinas prácticas, comparte su experiencia y evalúa el desempeño para poder corregir el rumbo a los objetivos programados. Es entonces que la acción de un entrenador no solo es de un guía, también es un narrador que establece el hilo conductor de diversos hechos que llevarán a un mismo objetivo, un piloto o timonel; calca de *kybernete,* que posee la habilidad de conducir o controlar el flujo de información que rodea al sistema enseñanza-aprendizaje-conocimiento. Un poeta que construye las metáforas para la comprensión que acompañe entendimiento.

Trece

El décimo tercer guerrero, un intelectual reclutado por los azares de la magia, se incorpora a una batalla para defender la supervivencia de un pueblo que es atacado por bestias caníbales; en el camino al campo de batalla gana el respeto de sus anfitriones al demostrar el control de sus emociones, su ingenio, la capacidad de escribir y el aprendizaje de una lengua extranjera por medio de la observación y el estudio del grupo anfitrión que originalmente le despreciaba; la novela es escrita por un médico que se hizo fama al escribir capítulos sobre la sala de emergencias de un hospital y la posibilidad de convivir con dinosaurios contemporáneos.

Cuando examino los pasos que me llevaron a mi vocación científica, invariablemente invoco las enseñanzas de mis abuelos y contextualizo mi conducta por los ejemplos de mis padres, sin embargo siempre entra en discusión el ¿porqué soy tan distinto a mis hermanos si al parecer estuvimos expuestos a estos mismos estímulos en nuestra infancia?, ¿cuál es el primer recuerdo que tiene usted de su infancia?, ¿es uno real, ucrónico o implantado? Provoca curiosidad el advertir que el entorno que rodea nuestros primeros años determina la construcción de nuestra personalidad y el desarrollo intelectual. Tal vez por eso, mis hermanos sean distintos puesto que, al menos tuvieron padres con condiciones distintas a los míos aún cuando fueran los mismos; por ejemplo su edad al nacer mis hermanos o la experiencia en el trabajo que tuvieran; significa que algo habían aprendido para poder criar a los siguientes.

Desde las ideas nacidas en la configuración por defecto hasta la manipulación articulada del conocimiento científico, el aprender nos indica el momento en el que podemos invocar un conocimiento almacenado en nuestra memoria. Así cada héroe tiene un villano y cuando nuestra heroína, la memoria, puede revivir las sensaciones almacenadas para entregarnos un conocimiento, dispuesto a ser razonado o manipulado, al villano que se enfrenta a cada momento que el héroe no se aparece le llamamos olvido. Memoria y olvido luchan interminables batallas en la configuración por defecto, batallas que puedan alterar los datos almacenados provocando que cuando sean rescatados por memoria apenas sean comparables con los originales; perdemos entonces, el color unas veces, el tamaño o el nombre; a cada alteración le llamamos recuerdo y los recuerdos gemelos reclaman más atención que los hijos únicos que sobreviven al olvido.

Si pensar no es garantía de saber y recordar no es garantía de conocer, cuando nuestra sociedad se encuentra llena de datos, conocimientos dispuestos a ser evidenciados, repetidos, razonados, comprobados y predictibles; entonces es tiempo de normalizar, la habilidad que permita evaluar los conocimientos, los sentidos y la realidad.

"La velocidad media es igual a la distancia recorrida dividida por tiempo transcurrido" ¿quién podría debatirlo? ¿habría quien estuviera dispuesto a invertir horas de su vida para justificar una definición distinta, elaborada coherentemente con el fin de obtener adeptos a sus ideas e imponerlas

por mayoría de votos? Numerosos estudios que vienen de Ithaca controversialmente comprueban que *"La pasión asociada a una discusión es inversamente proporcional a la cantidad de información real disponible"* como enunciando cuantos recuerdos tienes que llevar en el viaje a Ítaca. Ya hemos dicho que la inteligencia no es la última frontera del pensamiento; ¿cuántas veces una canción cuya letra nos recuerda un sentimiento nos confunde la rima y cacofonía con un mensaje de profundidad que disimila ser sabiduría? Esta no es una competencia de popularidad, egos o de quien tiene mejores puntos entre los doxóforos.

Los científicos tienen conciencia que el modelo universal en el que basan sus conocimientos puede evolucionar en cualquier momento, no en un acto de mayorías sino de planteamientos que se respalden entre otros valores como la claridad, precisión, exactitud, evidencia, duplicidad, probabilidad, posibilidad y predictibilidad, involucrados al rigor científico. Así utilizando nuestros valores, perdiendo la indiferencia, conservando la inquietud, solicitando la atención con recelo de lo que sabemos y lo que queremos comprender, atenderemos la construcción de nuestro entendimiento con **Cuidado**.

El conocimiento científico es la forma en que explicamos la naturaleza y lo aprovechamos para moldear nuestra conducta, podemos decir que la ciencia es la forma en que moldeamos al medio mientras nos adaptamos a él. Los entrenadores científicos, pilotos y timoneles de nuestro aprendizaje nos indicarán el camino y la forma en que utilicemos los sentidos, y si en la sinestesia tenemos conectados los sentidos y en la anestesia los tenemos dormidos, entonces el entrenador nos guiará para poder utilizarlos a manera de filtros y obtener una experiencia ordenada que permita compararla después con otros caminos, afín de establecer una conducta de exploración y aventura por medio de la razón y el conocimiento; invocando a la memoria de las mejores prácticas en caminos que entendemos y comprendemos. Es decir nos instruirá para aprender a **Construir** nuestros conocimientos y a discernir lo científico.

Lo compromisos de entrenador y entrenado, en este punto, residen:

1. En la *interpretación* de los sentidos que nos permitan expresar claramente nuestras emociones.
2. *Discernir* el punto al que han evolucionado las ideas y como se nos presentan.
3. Determinar los *valores* que involucra la comprensión de los nuevos conocimientos.
4. *Reconocer* los caminos recorridos y las formas de recorrerlos a fin de *confiar* que el camino tomado es el más certero.
5. *Expresar con pundonor* nuestros razonamientos, sin duda ni presunción de manera que cualquier generación pudiera entenderla.

Llegado el momento en que en la construcción de nuestro conocimiento nos permita comprender y entender la realidad como una sola percepción universal, atendiendo la construcción de nuestro entendimiento con cuidado y cumpliendo los compromisos descritos, entonces diremos que nuestro pensamiento tiene tres "C" crítico, constructivo y cuidado.

Cuando nos volvamos expertos, no solo conoceremos el camino correcto, también todos los incorrectos, los expertos se encuentran llenos de experiencias y no tienen recelo de compartir las desventuras y odiseas como las de Ulises de regreso a Ítaca.

Seguridad Nacional

Con frecuencia escucho a padres de familia quejándose en la oficina del director de la escuela, aludiendo a su indignación por no estar siendo correctamente atendidos como clientes de la institución, en la mayoría de los casos que suelen exceptuar la educación pública, los padres hacen referencia a las grandes cantidades de dinero que invierten en la educación de sus hijos.

Queda claro que el papel de la escuela es el de educar a los alumnos, ambos elementos nacieron al institucionalizar el proceso educativo como parte de una política de nación, pero si los padres fueran, en términos capitalistas, los clientes de la escuela; entonces diríamos que el cliente entrega la materia prima a la escuela para recibir un producto terminado lo que deja más preguntas que respuestas, que podría ser un buen camino puesto que el entendimiento siempre resuelve menos dudas de las que genera; ¿qué harán los padres, dueños de la materia prima moldeada, al terminar los estudios de sus hijos? Y entonces ¿el programa de formación escolar debe estar sujeto a las disposiciones de los padres? La resolución a esta segunda suele ser más simple; los padres como grupo social y en el entendido que tengan las mismas expectativas, representan la cultura y la educación que requieren de la escuela para sus hijos.

Por otra parte si el término de la formación escolar requiere de un segundo proceso para los padres entonces no cumple con la definición de educación en cuanto a la instrucción para la formulación autónoma de juicios e integración a la sociedad.

Sin embargo si consideramos que la integración a la sociedad como capital humano, e insisto en lo de capital, derivado de la economía de la sociedad del conocimiento en la que vivimos, entonces el cliente debería de ser por una parte la autoridad política que requiere que dicho capital humano pueda ser cuantificado como tributario y partícipe del producto interno bruto y por la otra parte el cliente debería de ser la industria a la que beneficie la formación e instrucción otorgada durante su estancia en la escuela. Así quien brinda la materia prima es la sociedad y en muchos casos la población, el productor de esta materia prima es la escuela y el cliente es la industria. De esta manera lo que establecería la competencia entre escuelas y centros educativos sería el programa de formación para el trabajo o de inserción a la sociedad; este planteamiento se observaría al identificar los procesos de reclutamiento de escolares en cada institución, exámenes de admisión que en realidad discriminarían las aptitudes de los aplicantes para el desarrollo de las competencias.

Advierta entonces que una población carente de educación pero con suficiente adiestramiento y una sociedad muy educada pueden brindar suficiente capital humano para el desarrollo de una economía saludable sin importar su cultura, sin embargo el ritmo de crecimiento de ambos casos estará sujeto a las competencias desarrolladas y dichas competencias las establece cada cultura según sus necesidades, por ejemplo para una cultura puede parecer un valor importante el poder cerrar un negocio no importando la veracidad de sus argumentos, llámense prometer la fecha de entrega de un producto sabiendo que no se cumplirá; o entregar un producto con las mismas especificaciones pero de menor calidad. En contraparte podrían presentarse lo valores de calidad y puntualidad por encima de la accesibilidad con lo que el precio del producto sería mucho mayor.

Inflación y devaluación

El tema de las competencias y los valores pude distinguirse con palabras clave asociadas al proceso educativo desde hace décadas, conceptos como el de técnico, licencia, carrera y maestría dejan claro el nivel al que corresponden en una estructura económica. Establecer la formación académica o escolar como una carrera deja claro que el objetivo es llegar a la meta, llámese obtener un contrato permanente, plaza o base; la jubilación con beneficios que van desde una pensión hasta participaciones de la empresa en la que laboró o simplemente una liquidación sustantiva que le permita el ejercicio continuo de su labor o el retiro

Recordemos aquella postura determinista en dónde ponemos las condiciones iniciales y calculamos dónde se encontrarán en un determinado momento. Calculemos entonces, considerando la población actual y el bono demográfico, ¿cuál será la población económicamente activa?, ¿cuáles serán sus empleos, sus ingresos y sus aportaciones a la economía? Seguramente para algunos al conocer las proyecciones, los resultados serían deprimentes, tal vez si tuvieran mejores estudios o tal vez si hubiera más escuelas para que asistieran y mejor aún más universidades con mejores posgrados para que todos estuvieran mejor preparados y eso se reflejara en mejores sueldos como es de esperarse. Todos esos *tal vez,* temas de la diaria conversación de los funcionarios responsables de la educación; esos *tal vez* provenientes de "2" que no han sido evaluados o razonados con respecto a la demanda de la población o el futuro del mismo país, provocan que en el mejor de los casos el carnicero o el del carrito de hotdogs sea un ingeniero en alimentos; y en el peor de los casos que el ingeniero en alimentos conduzca un auto de alquiler, cuando podría ser que el conductor de transporte público fuera al menos un técnico en transporte de pasajeros, con formación en atención al público, mecánica, seguridad vial y primeros auxilios.

La oferta educativa es satisfecha sin demanda, existen más oportunidades de escalar el nivel escolar dónde menos es requerido, entonces la media tiene un nivel sobrecalificado, los empleadores desconfían de la formación de los aplicantes por lo que tienen que inflar los requisitos de contratación, existe mayor rivalidad entre los aplicantes, los grados académicos se devalúan puesto que es moneda corriente en el mercado laboral. Es decir se emiten más titulaciones bajo la idea de que se necesitan más profesionistas, académicos e investigadores por lo que se cree que el número de estos aumentará el valor de sus productos, ante la escasa aplicación, demanda, confianza o valor de sus productos y puesto que ninguno está dispuesto a renunciar al título, se asume que los títulos valen en realidad menos de lo que enuncian.

El Programa para la Evaluación Internacional de Alumnos de la Organización para la Cooperación y Desarrollo Económicos planea evaluar 4 competencias en el aprendizaje de los estudiantes de 15 años: La comprensión lectora, la resolución de problemas matemáticos, con opción al apoyo de cómputo; la comprensión de problemas científicos y la educación financiera. Tan solo con identificar a quien emite la prueba, se evidencian las intenciones de evaluar las competencias con fines económicos, e incluso la preocupación porque la población se encuentre preparada para los cambios, en cuanto a la inversión de sus ahorros y la procuración de bienestar económico en caso de que las políticas de empleo de los países asociados desatiendan las garantías de salud, vivienda, jubilación y educación. Por otra parte demuestra el interés en el desarrollo de habilidades científicas y técnicas como pieza fundamental de la sociedad en la economía del conocimiento.

Hilar, enhebrar y consenso

Cuando la ciencia como frónesis, pensamiento científico, es un elemento de la personalidad; la ciencia como sofía, acervo científico, es un elemento de la sociedad. La sabiduría colectiva, los conocimientos consensuados no democratizados establecen el acervo intelectual al servicio de los socios. El acuerdo producido por consentimiento y no por votación entre los miembros nos permite almacenar la sabiduría indicando que es de mayor interés generar un conocimiento que sea entendible y comprensible, donde los socios interesados manifiesten la conformidad de los argumentos y no un conocimiento que se respalde en la mayoría de opiniones similares que voten a favor de lo que es la realidad.

Así aún cuando la generación del conocimiento tenga un recorrido científico si este necesita ser votado para ser validado entonces no alcanzará el nivel de científico aún cuando existan miles de testigos, notarios o autoridades que lo abanderen, de manera que un conocimiento puede ser aceptado como científico aún cuando solo 50 personas en el mundo lo comprendan, y dejar de serlo cuando miles de ellas lo hayan atestiguado.

Nuestro entrenador entonces intentará desarrollar habilidades de entendimiento y comprensión a los entrenados hilando el discurso en experiencias evitando enhebrar el discurso en demostraciones, favoreciendo pero no limitando la vocación científica. Por ejemplo una vez comprendido el concepto no aludiremos que solo gente inteligente o ingenieros pueden hacerlo.

Requerimos de padrones de la población y gente o riquezas de una sociedad o comunidad que nos permita administrarlos, y puesto que se ha determinado un objetivo, el aprendizaje, debemos determinar cuáles son los procesos a los que está sujeta nuestra población que les permiten llevarlos a dicho objetivo. Diseñamos nuestro discurso según las capacidades y modalidades con que aprende nuestra gente. El modelo de entrenamiento científico encuentra mayor satisfacción entrenando gente que población.

César envía a censar

Identifiquemos ahora algunos elementos que debamos incluir en un censo para el entrenamiento científico, el censo puede realizarlo el entrenador a modo de entrevista, o por medio del planteamiento de un problema identificando las respuestas y sus modos. Recordando que en este paso es más importante la forma en que es atendido el problema que la verificación de la respuesta.

Contexto

- Entorno: Condiciones físico-ambientales, características que brinda y como son percibidas por el entrenando.
- Comunidad: Características socioeconómicas y de población del grupo de entrenamiento y proyecciones para su división o consolidación.
- Recursos: Bagaje, materiales, estímulos e intereses de la población y si individualmente pueden percibir el del resto o el general.
- Bienestar: a quien o a que atribuye los éxitos y fracasos.

Encéfalo

- Conceptualización abstracta y la experimentación activa.
- Creación concreta y la observación reflexiva.
- Conceptualización abstracta y la observación reflexiva.
- Creación concreta y la experimentación activa.

Sensor

- Registra la información de los sentidos de manera secuencial o aleatoria
- Comprende la relación de los conceptos y cualidades de manera secuencial o aleatoria
- Cuál de los sentidos domina en la percepción.

Actitud

- Evasivo, participativo
- Competitivo, colaborativo
- Dependiente, independiente

Resultados

El censo no pretender evaluar las capacidades, habilidades o competencias de los entrenados si no describir estas mismas para el diseño del programa de entrenamiento y la identificación de las técnicas a involucrar en el modelo educativo.

En el ejemplo de las rosas, coloque las flores al centro del grupo procurando que se encuentren a la misma distancia de cada participante; identifique si alguno decide o sugiere moverlas hacia una fuente de luz o calor e incluso hidratarlas ¿necesitan tocarlas, olerlas o saborearlas para poder realizar su dibujo? ¿cómo reacciona el resto ante las primeras actitudes? ¿los trazos exaltan alguna parte de la flor, son firmes, rectos o inseguros? Para realizar esta prueba estadística se recomienda el estudio de técnicas de reclutamiento de recursos humanos asociadas al estudio de la personalidad y la conducta a pesar de no ser consideradas prácticas puramente científicas al ser utilizadas principalmente por las humanidades.

Hipóstasis

He invocado al sombrero de tres picos como la única cosa que puede colocarse en la cabeza con aplicaciones prácticas en este modelo, invocado al triskel como símbolo de un modelo de 3 picos que facilitan la morfología del modelo de entrenamiento para el estudio-aprendizaje-conocimiento, y puesto que los jinetes han reclamado el aprendizaje sobre la enseñanza haciendo patente la importancia del diseño de las actividades según el contenido a comprender, donde la ciencia como sujeto del intelecto fronético anteposhistórico interviene en el destino de la humanidad y del universo; asumo que *el discurso, la práctica y el esparcimiento* son las tres sustancias individuales del modelo, que suman una sola como la naturaleza que se comprende así misma, nosotros y la ciencia como parte de la naturaleza.

El entorno físico en el que se manifiesta el entrenamiento científico requiere de un gimnasio, que al igual que en la primera academia permita la instrucción, socializar, compartir ideas, realizar ejercicios y presentar juegos públicos. El modelo de entrenamiento científico se denomina académico puesto que no depende su desenvolvimiento de un sistema escolar oficial aún cuando los objetivos de sus contenidos lo sean; podría parecer peripatético, más en la idea de ser itinerante e incluso por la exploración de distintas vías para la exposición de los temas y no por el análisis exhaustivo del discurso de los maestros clásicos.

Diseño en 3D

Veamos ahora los elementos con los que se cuenta para poder integrar las tres sustancias del modelo, una vez que el entrenador ha censado su equipo pasaremos ahora al diseño del programa de entrenamiento y la integración de las rutinas.

La administración pública ya nos ha hecho el favor de segmentar los grupos por edades y contenidos, en muchos casos requerimos de mentores científicos y animadores para completar los contenidos a las expectativas de la sociedad, sin embargo no es común que necesitemos re ordenar los segmentos si trabajamos principalmente con escuelas y en caso contrario los segmentos pueden realizarse por el punto de atención y el tema a tocar.

Priorizamos a los estudiantes de educación básica como el sector más vulnerable; a diferencia de otros métodos que discriminan la educación preescolar restringiendo sus técnicas al entretenimiento y memorización, y subestimando las habilidades de cuestionamiento e hipótesis. Este modelo involucra a la educación preescolar, que ya es escolar, buscando el desarrollo de herramientas y habilidades para la formalización como lo son el lenguaje escrito y las matemáticas.

Un entrenador enseñará a correr a alguien que puede caminar e incluso podría enseñar a caminar a alguno que gatee, también podría ser de atención terapéutica para alguna discapacidad y como ha sido mencionado el diseño del programa y las exposiciones depende tanto de su público como de sus objetivos. Se integra en este punto la idea de exposición como la presentación del tema a desarrollarse que alimente los sentidos y genere una impresión sujeta al pensamiento 3c para el conocimiento, entendimiento y comprensión; de manera que el diseño debe garantizar la interacción del *discurso,* la *práctica y* el *esparcimiento* al abordar un tema.

El discurso plantea una diversidad para el cultivo de ideas y pensamientos que podría enfocarse a temas no científicos y controversiales, y es por ello que se integran técnicas de pensamiento crítico y constructivo basado en valores para la construcción del discurso (teoría) y la identificación clara de los objetivos: la promoción de vocaciones científicas y la formación de recursos humanos en ciencia y técnica en modalidades de educación no formal.

La práctica, corrobora o induce el conocimiento de manera constructiva revelando las variables durante las demostraciones y experimentos; permite al entrenado interactuar con los elementos del discurso de manera particular, establecer relaciones entre el concepto y los fenómenos, validar el conocimiento ofrecido durante el discurso y personaliza la experiencia.

La dimensión lúdica es la promesa de simplicidad para la comprensión de la teoría y el desarrollo de la práctica, es "*el prestigio*" de la actividad que de realizarse correctamente es indistinguible. Desde los juegos de palabras durante el discurso hasta los procedimientos en el taller establece la dinámica y fluidez de cada sesión de entrenamiento.

Ya hemos mencionado que el programa usualmente está asociado a los objetivos y planes de estudio oficiales, también que en algunos casos son requeridos por padres de familia, grupos o centros sociales, programas de fomento a las vocaciones científicas en los que el censo determina en las etapas iniciales la manera de perfilar las diversas habilidades y conocimientos de los entrenados.

También ha quedado claro que este tipo de entrenamiento tiene principal aplicación en la población preuniversitaria pero no está limitada a la educación de los adultos, en el sentido que principalmente son adultos con perfiles profesionales definidos quienes asisten a la universidad. Así podríamos enunciar que los objetivos de entrenamiento sumados a un calendario de actividades establecen el programa a implementar y evaluar.

Algunas teorías sobre la concentración sugieren que existe una proporción de 3 minutos de atención por cada año, que incrementan entre los 3 y 30 años de edad, así establecen un máximo de concentración de 9 a 15 minutos de concentración para niños de preescolar y hasta 90 minutos para adultos mayores de 30 años. Técnicas de estudio y concentración asociadas a salsas italianas de jitomate y entrenamiento sugieren hasta 3 lapsos de 25 minutos de atención separados por 5 minutos de esparcimiento y 15 minutos adicionales para finalizar; a fin de dar tiempo a las prácticas y demostraciones asumiremos que el tiempo ideal es de 100 minutos en 3 o 4 bloques para niños y jóvenes. Algunos practicantes del entrenamiento científico asignan hasta 120 minutos en los que incluyen 20 para el cambio de actividad, la entrega de materiales o para facilitar procesos administrativos como los horarios escolares y el pase de lista.

Personalmente, en los sistemas que lo requieren, utilizo el pase de lista como una introducción a los conceptos o palabras clave que involucraré en cada sesión. Utilizaré por ejemplo la sesión con objetivo de introducir al concepto del ADN. Entre las palabras clave se encuentran células, núcleo, cromosoma, telómero, ácido desoxirribonucleico, adenina, timina, citocina y guanina; seleccionando la más complicada la presento en la pantalla o pizarrón, instruyo la pronunciación correcta y la solicito en vez del acostumbrado *presente* de manera que se permite la vocalización del concepto principal que requiere la repetición y mecanización para después de la articulación de los entrenados, la pronunciación sea un ejercicio natural y podamos concentrarnos en el discurso y práctica programada.

De manera interna, la hoja de programación por sesión comprende la siguiente información:

- Programa y temporada de entrenamiento
- Nombre de la sesión y fecha
- Unidad didáctica

  o Objetivo general de la sesión

  o Tema y disciplinas involucradas

  o Palabras clave

  o Competencias y valores involucrados

  o Discurso y mapa mental

  o Cronograma de actividades

  o Evaluación

Debemos recordar que el ***Contexto*** recabado durante el censo y el historial de entrenamiento determina diversas aproximaciones del discurso que incluyan las unidades didácticas y las palabras clave, el enfoque para abordarlos lo determina el tema, de manera que varios objetivos pueden ser abordados por uno mismo o varios temas, en el caso mencionado *de introducir al concepto del ADN* puede abordarse desde los principios históricos o químicos y a medida del contexto incluso los morfológicos o estructurales y sus aplicaciones a la medicina o informática incluso sin profundizar en su importancia para la vida, por ejemplo al enfatizar el tamaño que tiene y comparar sus proporciones con objetos apenas perceptibles por los entrenados.

El cronograma de actividades deberá de incluir los procedimientos a modo de receta de cocina en el caso de las prácticas y las condiciones y reglas en el caso de los juegos.

2 de 3 caídas

Hemos dicho que el modelo puede ser representado como un triskel que cae en 2 de sus piernas mientras levanta la tercera, estas piernas representan la teoría, la práctica y el juego. No debemos perder de vista que al plantear unidades didácticas nuestro objetivo dista de enseñar un tema y se aproxima al desarrollo de una competencia reforzada por un valor que pueda ser enunciado como parte de un discurso simple y comprensible.

El diseño claro del discurso y del programa de entrenamiento en contexto con el censo y la evaluación continua evitará la sensación de saturación o poca practicidad de las actividades desempeñadas.

La posibilidad de construir materiales propios le ha dado fama a este tipo de actividades que en los programas de educación no formal se han popularizado como talleristas, e incluso muchos de ellos llegan a atender más de 5 mil personas por fin de semana en las ciudades más grandes. Las demostraciones y su reproducción cobran entonces mayor importancia en cuanto a la estadística y abanderamiento político, por medio de construcciones simples como construir un barco de vapor, un micro cohete, un globo aerostático, que no demeritan las explicaciones científicas y son consistentes con los modelos de educación formal.

Un modelo de evaluación basado en la reflexión para la entrega de respuestas correctas en lugar de un modelo de validación de respuestas es más adecuado para el desarrollo del pensamiento científico fronético.

Es decir que en vez de que la evaluación sea limitada al número de respuestas correctas contra el numero de incorrectas que suman un total de reactivos como lo es en el sistema tradicional; o una evaluación donde solo la respuesta o desempeño correcto determina la calificación final; que en ambos casos son porcentajes positivos del total de reactivos permiten el uso de la lógica para aparentar un mejor desempeño a pesar de una mala práctica, por ejemplo: ¿estaría usted tranquilo sabiendo que su médico solo puede identificar el 60% de sus síntomas? ¿seguiría el procedimiento recetado? ¿contrataría a un arquitecto que le fallan 2 de cada 10 casas? Es claro que el no saber o saber mal es más peligroso que el saber poco. Por lo que se sugiere un sistema de evaluación numérico en dónde las respuestas incorrectas resten puntos de las respuestas correctas y las correctas sumen puntos, mientras que las respuestas no contestadas no alteren el marcador, lo que nos daría una puntuación del 20% (60% menos 40%) al médico ó 6 (8 menos 2) al arquitecto mencionados. De esta manera valores como honestidad, claridad y calidad reforzarían la conducta del evaluado.

oda con F

Desde las puertas del hogar, hasta la esquina de castigos del salón, que aún sobrevive, la sociedad espera encontrar a quien confiar y el modo, para la sucesión de su cultura y saber. Modelos y reformas educativas se suministran como venenos y antídotos o energéticos y enervantes. Que procuran mantener la salud social ante las políticas económicas e intereses de las culturas dominantes.

El Entrenamiento Científico finca su *fortaleza* en la dinámica en que puede expresarse el discurso para entregar la teoría como un conocimiento práctico; en la frescura que presenta un entorno lúdico para enfrentar los problemas cotidianos con humor y creatividad; en la creación de actos-reflejos que permitan a los entrenados concentrar su atención en la comprensión de los problemas y sus soluciones reflejadas en el bienestar social; y en la inocuidad que plantea el hecho de ser una disciplina como práctica personal que difícilmente podría insertarse en los sistemas burocráticos oficiales.

Esta inocuidad es también una de sus *debilidades*, pues deja al entrenador en un estado de soledad en los sistemas rígidos, ortodoxos y diseñados para uniformar el pensamiento de los estudiantes, en dónde se prefiere adoctrinar que entrenar; flaquea ante la falta de responsabilidad del entrenador o docente que descuida el diseño, la precisión y fidelidad para cada contenido, refugiándose en una sola modalidad del discurso o evaluación sin atender la necesidad de la ejercitación y la camaradería.

Esta propuesta, para entrenar el pensamiento científico, busca las coyunturas para la formación de nuevas generaciones conscientes de su papel en la sociedad, como parte de una naturaleza en evolución, que se espera venzan el conformismo encontrando el equilibrio al confrontarse con el medio. Generaciones preparadas para lo que van a convertirse y no para lo que se han convertido las anteriores. Usualmente encuentra cobijo en programas de educación no formal, como la educación para los adultos no universitarios, la capacitación para el trabajo, clubes de intereses afines o centros comunitarios, aunque no se limita a ninguno de ellos. La *oportunidad* la encuentra en cada dificultad a la que se enfrenta un modelo tradicional.

El entrenador y el entrenado para la frónesis debe aceptar que este tipo de preparación no sustituye una "carrera académica" ni la "experiencia técnica" de otros, el sentirse intimidado no solucionará los problemas a los que se enfrente día a día, pero si la práctica de las habilidades obtenidas. El entrenador debe de cuidar que el proceso de seducción del conocimiento y el pensamiento no sea desviado a su personalidad sino desde esta. El entrenando debe de evitar el camino fácil de utilizar las técnicas para refugiarse en su inteligencia, sesgos cognitivos y aparentar la comprensión de lo que le es desconocido. Estamos amenazados por suponer que ya lo sabemos.

Epílogo

El modelo de entrenamiento científico es la sucesión natural que devino de utilizar distintos métodos de educación no formal y nuevas tecnologías, involucradas al proceso de enseñanza-aprendizaje-comprensión, si fuese necesario elegir entre ellas eligiría los procesos de aprendizaje.

El planteamiento de **Entrenamiento Científico**, de carácter crítico y constructivo basado en valores, es un enfoque de las 3 dimensiones de la animación científica (fundamentalmente la exploración del discurso como personificación de la teoría) que permiten a los promotores de la ciencia, ya sean profesores o animadores, formar y entrenar el pensamiento científico de manera teórica, práctica y lúdica en un ambiente sano de discusión que permite la generación de hipótesis, la experimentación y la documentación para la cultura científica de los "entrenandos".

Este modelo plantea tantas técnicas, ya sea en la combinación de sus elementos como en las formas de representación de cada uno, que mantiene en esta edición la inspiración para la investigación y la exploración para su continua evolución.

A mis profesores, directivos académicos, colegas de la educación no formal y la divulgación y a los amigos monologueros del stand up o del clown callejero también les dedico estas líneas y mi agradecimiento.

¡Ciencienle!

San Pedro, Tierra de emigrantes,
Mayo de 2013

Agradecimientos

a Alexander O'Madrigal
por la ilustración de portada.

a Sadoth Vázquez
por el tiempo dedicado en la revisión
del Borrador

a Karla Delgado por el cuidado
y perseverancia en esta edición.